かつお節さえあれば、
かんたんに料理上手

# うまい！
# 「おかか」ごはん

にんべん

講談社

KATSUOBUSHI

# かつお節
# さえあれば……

その香りをかぐだけで、食欲がそそられるかつお節。
日本人のソウルフードともいえるでしょう。
ご飯にかける、野菜や肉のおかずと合わせる、だしとして使う、
おつまみにする……。食べ飽きることなく、
どんな料理もおいしくしてくれる、かつお節の魅力をお伝えします。

ごはんが
すぐに
食べられ
ます！

Okaka
Gohan

第1章

第２章

野菜のおかずがすぐできます！

第３章

いつものおかずがランクアップします！

第４章

簡単にだしがとれます！

第５章

ササッとおつまみも作れます！

鮮度が命!!

# かつお節、おいしさのヒミツ

どんな料理にも合い、毎日でも食べ飽きることがないほど、私たちの食生活に根づいているかつお節。削り節のふわっと広がる豊かな香りと天然の深いうまみを、使いやすい小袋に閉じ込めたのが、この本でレシピを紹介している「フレッシュパック」です。

原料となる**かつお節は、必須アミノ酸をバランスよく豊富に含んでいます**。必須アミノ酸は体内で作り出すことができないため、食事で摂らなければなりません。**かつお節は肉**

### 一年間も新鮮さを保てるワケは？

にんべんの「フレッシュパックソフト」は、昭和44年から発売されているロングセラー商品。袋は特殊な積層フィルムを使用、また酸化防止のための不活性ガスが充てんされているので、削りたての鮮度や風味が保たれています。

**や卵と並ぶ、良質なたんぱく質**といえるのです。

そのかつお節を使った削り節は、大きく分けて2種類あります。ひとつはかつおをゆでて燻《いぶ》した「荒《あら》節《ぶし》」の削り節で、もうひとつはフレッシュパックに使われている「枯《かれ》節《ぶし》」や「本枯鰹節《ほんかれかつおぶし》」の削り節です。枯節は荒節にかび付けをして発酵、熟成させたもので、水分がさらに抜け、甘い芳香性のある香りに変化。**うまみや栄養成分もギュッと凝縮されるうえ、保存性も高まります**。

こうして生まれる豊かな香りと天然の深いうまみは、**どんな料理に使ってもおいしさのベースとなり、シンプルな調味料だけで、深みのある味わいに仕上げてくれます**。また未開封なら、製造日から約1年間常温保存が可能。封を切るたびに削りたての風味が楽しめます。

ふわっと広がる香り

天然のうまみ

豊富な栄養素

CONTENTS

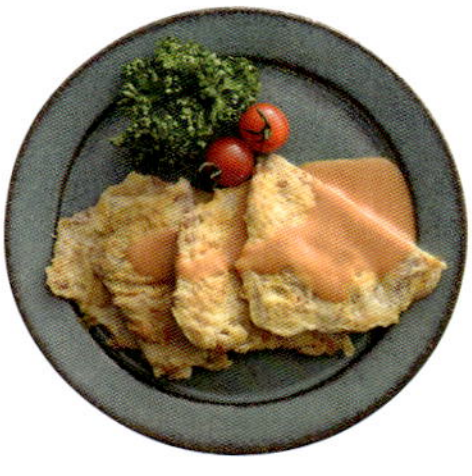

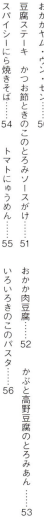

## 第4章　簡単だしで作る一品



## 第5章　「にんべん」社員の晩酌おつまみ



## かつお節をめぐるおいしいお話



### 本書のレシピのきまり

- レシピで使用している「かつお節」は「にんべん」の「フレッシュパックソフト」（4.5ｇ）です。
- 計量の単位は、カップ１＝200㎖、大さじ１＝15㎖、小さじ１＝5㎖です。
- 火加減は特にことわりのない場合、中火です。電子レンジの加熱時間は500Ｗを基準にしています。機種やメーカーによって差があるのでようすを見ながら調節してください。
- ＥＸＶオリーブオイルは、エクストラバージンオリーブオイルです。本書では、加熱せずに使う場合はＥＸＶオリーブオイル、加熱する場合はオリーブオイルとして使い分けています。

# 第1章

# なにしろ「ご飯」に合う！

「にんべん」社員のみなさんに聞きました

# これがうまい！私のおかかごはん

かつお節の魅力を熟知している「にんべん」の社員のみなさんが、いつも食べているとっておきのおかかごはんを紹介します。ご飯とかつお節というシンプルな組み合わせの定番から「こんな組み合わせがおいしいんだ！」という意外なものまで、お気に入りを探してみませんか。

かつお節さえあれば
いつでもおいしく
ご飯が食べられる！

## バター
## ＋
## しょうゆ

あつあつのご飯にかつお節をふりかけてバターを一切れ。ご飯の熱でバターがとろりと溶け始めたら、お好みでしょうゆをひとたらし。日本人なら誰もが好きなバターしょうゆおかかご飯のできあがりです。ご飯の熱で立ち上るかつお節とバターの香りを存分に楽しみましょう。

# かつお節と何のせる？

炊きたてご飯にかつお節。
それに合わせる
具材は何にする？
組み合わせは無限大。
小腹がすいたら、

ご飯と冷蔵庫にあるもので
チャチャッとできる
ファストフードです。
しょうゆの量はお好みで。
かけない日があっても良し。

半熟目玉焼き
＋
のり

かつお節をのせたら半熟目玉焼きと焼きのりをON。お腹も満足のミニ丼風。

**納豆**
**+**
**オクラ**
**+**
**長ねぎ**

かつお節と相性のいい納豆にオクラと長ねぎをのせたまちがいなしの味。

**ちりめん**
**じゃこ**
**+**
**大根おろし**

消化吸収をよくする大根おろしに、ちりめんじゃこを合わせてさっぱりと。

アボカド
＋
オリーブ
オイル

アボカド・EXVオリーブオイル・かつお節のうまみの相乗効果で奥行きの深い味に。

クリーム
チーズ
＋
粗びき
黒こしょう

かつお節がコクのあるクリームチーズを引き立て、ピリッと黒こしょうのアクセント。

納豆
＋
卵の黄身

ネバネバ納豆に、かつお節のうまみと黄身の濃厚さをプラス。朝ごはんにぴったり！

しば漬け
＋
万能ねぎ
＋
白ごま

赤じそが香るしば漬けに、ごまや万能ねぎの薬味を添えて。薬味はたっぷりでもおいしい。

しらす
＋
梅干し

梅干しとかつお節は黄金の組み合わせ。このまま混ぜて食べるのもよし、お茶漬けにしても。

しらす
＋
みょうが

しらすのうまみと、みょうがの香り＆シャキシャキ食感がクセになるおいしさ。

### 卵の黄身＋食べるラー油

絶対おいしい！かつお節入りの卵かけご飯。食べるラー油のピリ辛味が食欲をそそります。

### わさび漬け

ほのかに甘い酒粕とピリッとわさびのパンチ。意外だけどおいしい大人の組み合わせ。

### 黒ごま＋七味唐辛子

おかかご飯に黒ごまと七味をふってシンプルに。ピリッと香ばしく、箸が進みます。

### 高菜漬け

発酵食品である高菜漬けは、同じ発酵食品のかつお節との相性は抜群。高菜は炒めても美味。

### 砂糖じょうゆ

ちょっと驚きの組み合わせだけど、深みがあって甘じょっぱい、クセになる味。

### 豆腐

おかかご飯の上にくずした豆腐をのせて、しょうゆをひとたらし。これがおいしい！

ごまおかかと梅干しののりおむすび

間違いなしの
おいしい
組み合わせ

# おかかおむすび
# コレクション

おむすびにかつお節が入っているだけで、うまみが増して大満足の味に。
お弁当や軽めのランチにもおすすめです。みそを塗って焼きおむすびにしたり、
チーズや柿ピーを混ぜ込んだり、バリエーションを楽しんでください。

焼いた
マヨネーズが
香ばしい

おかかとマヨネーズの焼きおむすび

おかかご飯の青じそおむすび

おかかチーズのおむすび

おかかバターコーンのおむすび

ねぎみそと
おかかご飯の焼きおむすび

みそに長ねぎを
混ぜて

ジャンクな
おいしさがクセになる

おかか柿ピーのおむすび

おかかののりおむすび

おかか塩昆布のじゃこおむすび

おかかまぶしのしば漬けおむすび

COLUMN 1

# 「にんべん」のフレッシュパックって？

**昭和44年に発売して以来、小分けにされた使いやすさと、パッとふりかけられる手軽さで、日本の食卓に浸透した「フレッシュパック」。さまざまな種類があるので、味や食感の違いを楽しんでみませんか？**

「フレッシュパック」とひとくくりにしても、実にさまざまな種類があります。かつお節（削る前の節）には種類があり（86-87ページ参照）、削り方の違いによって風味や食感が異なります。それぞれ味わいに違いがあり、かつお節の奥深さを発見できるはずです。

例えば、手間と時間をかけて4回以上カビつけした「本枯鰹節」、カビつけが2回の「枯節」などの違い、枯節や本枯鰹節の血合肉部分を取り除いた「かつお血合抜き枯節」、さらには薄削りやソフト削りといった削り方の違い……。「にんべん」の小分けタイプのフレッシュパックにもさまざまなバリエーションがあるので、ぜひ食べ比べてみてください。

**本枯鰹節物語**
**ソフト削り**

本枯鰹節の豊かな風味となめらかな口当たりが堪能できる。2.5ｇ×20袋 ¥1100（税別）

**鰹節フレッシュパックゴールド**
**ソフト削り血合い抜き**

血合い部分をていねいに取り除き、上品な味わいを追求。2.5ｇ×9袋 ¥1000（税別）

**近海限定 本枯鰹節**
**フレッシュパック 伊勢屋伊兵衛**

「にんべん」の最上級品。豊かな風味と繊細な食感。2.5ｇ×10袋 ¥1500（税別）

▲
**直営店・百貨店で販売**

▶
**スーパーで販売**

**フレッシュパックソフト プレミアム**

家庭でも本枯鰹節の味が楽しめる、2019年３月発売の新商品。2.5ｇ×８袋 ¥350（税別）

**フレッシュパック ソフト**

家庭用として人気のソフトタイプのかつお節。4.5ｇ×４袋 ¥252（税別）

第2章

# 野菜をサッとおいしく食べる

温野菜に
うまみをプラス

## 好きな野菜に パラッとかけるだけ

もう一品野菜料理が欲しいときは、温野菜のかつお節のせが手軽にできておすすめです。蒸しても、レンチンでも、ゆでてもＯＫ。パパッとかけるだけでうまみたっぷりのおかずに。

# 困ったときの救世主！
# ササッとできる野菜のおかず

かつお節と野菜はとても相性のいい食材です。かつお節はうま味成分である、イノシン酸が多く含まれていて、同じくうま味成分であるグルタミン酸を含む野菜と合わせることで、相乗効果が生まれておいしさがアップ。混ぜたり、かけたり、のせたりして、よりおいしくなるかつお節と野菜のおかずを紹介します。

- なす
- キャベツ
- きのこ
- 玉ねぎ
- もやし
- 大根
- アボカド
- 白菜
- ブロッコリー
- じゃが芋

# Cabbage

たっぷり野菜もペロリと食べられる

## キャベ玉サラダ

●材料（2人分）

キャベツ…1/8個

玉ねぎ…1/8個

かつお節…4.5g

A
- 薄口しょうゆ…大さじ1
- ゆずこしょう…小さじ1/2
- EXVオリーブオイル…大さじ1 1/2

**作り方**

❶ キャベツと玉ねぎはせん切りにする。

❷ ①をボウルに入れ、よく混ぜたAとかつお節を加えて、ざっくりと混ぜ合わせる。



---

時短でササッとできる副菜

## おかかレンチンキャベツ

●材料（2人分）

キャベツ…1/6個

かつお節…9g

A
- ポン酢…大さじ2
- ごま油…大さじ1/2
- 黒こしょう…適宜

**作り方**

❶ キャベツは食べやすい大きさに切って耐熱容器に入れ、ふんわりとラップをして電子レンジで2分ほど加熱する。

❷ 粗熱を取り、水けを絞って器に盛る。 Aを混ぜ合わせてかけ、かつお節をふる。

豆板醤の辛みにうまみをプラス

## ピリ辛キャベツ炒め

●材料（2人分）

キャベツ…2〜3枚
かつお節…9g
豆板醤《トウバンジャン》…小さじ½
しょうゆ…大さじ½

**作り方**

❶ キャベツは一口大のざく切りにする。

❷ フライパンに豆板醤を入れて弱火で熱し、香りが立ったら中火にし、キャベツを加えて炒める。しんなりしたらしょうゆを加えて調味し、火を止めてかつお節を加え、ざっくりと混ぜ合わせる。



---

梅干し＋塩昆布の好相性な味

## キャベツのさっぱりサラダ

●材料（2人分）

キャベツ…⅛個
みょうが…2個
かつお節…4.5g
梅干し、塩昆布…各適量

**作り方**

❶ キャベツとみょうがはせん切りにする。

❷ 梅干しは種を除き、包丁でたたいて塩昆布と混ぜ合わせる。

❸ ①をボウルに入れ、②を加えて混ぜる。
かつお節を加えてざっくりと混ぜ合わせる。

トマトのうまみをかつお節が引き立てる

# キャベツの和風ケチャップ煮

●材料（2人分）

キャベツ…1/6個

玉ねぎ…1/4個

豚ひき肉…100g

にんにく…1かけ

かつお節…9g

A ┌ トマトケチャップ…大さじ2
　 └ 水…カップ1

オリーブオイル…大さじ1

塩、こしょう…各適量

**作り方**

❶ キャベツは一口大のざく切りに、玉ねぎは1㎝幅のくし形切りにする。

❷ 鍋にオリーブオイルとつぶしたにんにくを入れて弱火にかけ、香りが立ったら中火にし、ひき肉を入れて炒める。

❸ 肉の色が変わったら、玉ねぎを加える。しんなりするまで炒めたら、キャベツとかつお節を加えてざっくりと炒め合わせる。

❹ ③にAを加えてふたをし、煮立ったら弱火にして、15〜20分蒸し煮にする（途中焦げつきそうであれば、少量の水を加える）。最後に塩、こしょうで味を調える。

Onions

玉ねぎの甘みにホッとする

# 丸ごと玉ねぎのレンチン蒸し

●材料（2人分）

新玉ねぎ（普通の玉ねぎでもよい）…1個

かつお節…4・5g

バター（有塩）…大さじ1

**作り方**

1 玉ねぎは皮をむいて、上下を1cmほど切り落とす。上から半分くらいまで十字に切り目を入れ、耐熱の器にのせてふんわりとラップをして電子レンジで5分ほど加熱する。

2 熱いうちにバターをのせてかつお節をかける。

箸が止まらないシャキシャキ食感

## 玉ねぎサラダ

●材料（2人分）

新玉ねぎ（普通の玉ねぎでもよい）…1/2個

かつお節…4・5g

A
- レモン汁…大さじ1
- EXVオリーブオイル…大さじ1
- 塩…小さじ1/4

**作り方**

1. 新玉ねぎは縦半分に切り、繊維を断つように薄切りにする（普通の玉ねぎの場合は、5分ほど水にさらして水けをきる）。
2. ①をボウルに入れ、混ぜ合わせたAとかつお節を加える。ざっくりと混ぜ合わせ、器に盛る。

玉ねぎ

---

お酒のおつまみにもおすすめ

## 玉ねぎのカレー風味ピクルス

●材料（2人分）

玉ねぎ…1/2個

カレー粉…小さじ2

A
- かつお節…4・5g
- レモン汁…大さじ1
- 塩…小さじ1/3

オリーブオイル…大さじ1

**作り方**

1. 玉ねぎは薄切りにする。
2. フライパンにオリーブオイルをひいて中火にかけ、玉ねぎとカレー粉を入れて炒める。
3. 玉ねぎが透き通ってきたらボウルに移し、Aを加えてよくあえる。

※すぐに食べられるが、一晩おくと味がなじんでおいしい。

みずみずしい大根でぜひどうぞ

# 大根ステーキのおかかあんかけ

大根

●材料（2人分）

大根…6㎝

A
- かつお節…4.5g
- 薄口しょうゆ…小さじ2
- みりん…小さじ2
- 酢…小さじ1
- 水…カップ½

片栗粉…小さじ2

万能ねぎ、しょうがのすりおろし…各適量

サラダ油…適量

**作り方**

1 大根は3㎝幅の輪切りにして皮をむく。耐熱容器に並べてふんわりとラップをし、電子レンジで5分ほど、やわらかくなるまで加熱する。

2 フライパンに油を熱して大根を入れ、弱めの中火で両面に焼き色がつくまで焼く。

3 鍋にAを入れて火にかけ、煮立ったら同量の水で溶いた片栗粉を加えてとろみをつける。

4 ②を器に盛って③をかけ、小口切りにした万能ねぎとしょうがのすりおろしをのせる。

## Japanese radish

煮汁がしみたほっこりおかず

## しみしみ大根

●材料（2人分）

大根…1/4本

かつお節…9g

A しょうゆ…大さじ2
　みりん…大さじ2

サラダ油…大さじ1/2

**作り方**

❶ 大根は皮をむいて一口大に切る。

❷ 鍋に油をひいて中火にかけ、大根を入れて軽く炒める。ひたひたになるまで水（分量外）を注ぎ、かつお節を入れ、煮立ったらAを加える。

❸ ②に落としぶたをし、弱火で15分ほど煮る。
大根がやわらかくなったら全体を軽く混ぜ、煮汁がほぼなくなるまで煮る。

---

だし汁いらず、大根おろしをたっぷりと

## みぞれ湯豆腐

●材料（2人分）

絹ごし豆腐…1/2丁

大根…1/2本

かつお節…9g

ポン酢、万能ねぎ、
しょうがのすりおろし…各適量

**作り方**

❶ 豆腐は食べやすく切り、大根は皮をむいてすりおろす。

❷ 鍋に大根おろしを入れて中火にかける（水分が少ないようであれば水を少し加える）。

❸ 煮立ったら豆腐とかつお節を加え、豆腐が温まったら火を止める。
小口切りにした万能ねぎとしょうがのすりおろしを添え、ポン酢で食べる。

# Chinese Cabbage

淡白な白菜にかつお節のうまみがからむ

## 白菜と豚肉のゆず風味あんかけ

●材料（2人分）

白菜…1/6個
豚薄切り肉…150g
しょうがのすりおろし…1/2かけ分
ゆず…1/4個
かつお節…9g
A みりん…大さじ1
　塩 小さじ…1/2
片栗粉…大さじ1
サラダ油…大さじ1/2
水…カップ1

**作り方**

1. 豚肉は食べやすい大きさに、白菜は3～4㎝長さに切る。ゆずは皮は薄く削ってせん切りに、身は果汁を絞る。
2. 鍋に油を中火で熱し、豚肉を炒める。肉の色が変わったら白菜、しょうが、かつお節、分量の水を加えて煮る。
3. 煮立ったらあくを取り、Aを加えてふたをし、10分ほど弱火で煮る。味が足りないようなら塩（分量外）で味を調え、同量の水で溶いた片栗粉でとろみをつける。ゆずの果汁と皮を加え、火を止める。

にんにくとごま油にかつお節をプラス

## 白菜のナムル

●材料（2人分）
白菜…4枚
にんじん…1/4本
A
- かつお節…4・5g
- すり白ごま…小さじ1
- にんにくのすりおろし…少々
- ごま油…大さじ1

塩…小さじ1/3

**作り方**

❶ 白菜は食べやすい大きさのざく切りに、にんじんは3～4㎝長さの細切りにする。耐熱容器に入れ、ふんわりとラップをして電子レンジで3分ほど加熱する。

❷ Aを混ぜ合わせ、①に加えてあえる。味が足りないなら塩（分量外）で味を調える。



---

浅漬け感覚で常備菜としても

## 塩もみ白菜の桜えびまぶし

●材料（2人分）
白菜…4枚
A
- 桜えび…大さじ2
- かつお節…4・5g
- ゆずの果汁…1/2個分

塩…小さじ1/2
しょうゆ…適量

**作り方**

❶ 白菜は1㎝幅に切って塩をふってもみ、しんなりしたら水けをギュッと絞る。

❷ ①をボウルに入れ、Aを加えてよく混ぜる。器に盛り、しょうゆをかけて食べる。

カリッとして手が止まらないおいしさ

# 黒こしょうとかつお節のじゃが芋グリル

●材料（2人分）

じゃが芋…3個

にんにく…1かけ

かつお節…4.5g

オリーブオイル…大さじ2

塩、粗びき黒こしょう…各適量

**作り方**

1. じゃが芋は水からゆで、竹串がスッと刺さるくらいまでやわらかくなったら皮をむき、一口大に切る。にんにくは包丁の腹などで押しつぶす。
2. フライパンにオリーブオイルとにんにくを入れて弱火で熱し、香りが立ったらじゃが芋を加え、表面がカリッとするまで中火で焼く。火を止めて塩、黒こしょうで味を調え、かつお節を加えてひと混ぜする。

## Potato

かつお節＋マヨ＋牛乳のお手軽ソースで

# じゃが芋の簡単おかかグラタン

●材料（2人分）
じゃが芋…3個
A
かつお節…4・5g
マヨネーズ…大さじ4
牛乳…大さじ3
溶けるチーズ（シュレッドタイプ）…大さじ2
黒こしょう…適量

**作り方**

❶ じゃが芋は皮をむき、5㎜厚さの輪切りにし、耐熱容器に並べる。ふんわりとラップをして、電子レンジで3分ほど加熱する。

❷ グラタン皿にじゃが芋を並べ、よく混ぜたAをかけ、黒こしょうをふる。全体にチーズを散らし、オーブントースターで10〜15分、焼き色がつくまで焼く。

---

トマトとカレーのエスニックな味

# カレーおかかじゃが

●材料（2人分）
じゃが芋…3個
玉ねぎ…1/2個
トマト…1/4個
にんにく…1/2かけ
A
かつお節…4・5g
カレー粉…小さじ2
香菜《シャンツァイ》…適量
サラダ油…大さじ1
塩…小さじ1/2
黒こしょう…適量

**作り方**

❶ じゃが芋は一口大に切る。玉ねぎは縦薄切り、トマトは1㎝角に切る。にんにくは粗みじん切りにする。

❷ 鍋に油とにんにくを入れて弱火で炒め、香りが立ったら中火にし、玉ねぎを加えて炒める。しんなりしたらトマトを加え、トマトがペースト状になるまで炒める。

❸ ②にじゃが芋、Aを加え、じゃが芋全体にからめながら、焦がさないよう1分ほど炒める。

❹ ③にひたひたの水と塩を加え、じゃが芋がやわらかくなるまで弱火で煮たら、やや火を強めて、煮汁がほぼなくなるまで煮つめる。黒こしょうをふって器に盛り、ざく切りにした香菜を添える。

かつお節ととろ~りチーズがよく合う

# なすのチーズグリル

●材料（2人分）

なす…2本

A
- かつお節…4・5g
- 溶けるチーズ（シュレッドタイプ）…山盛り大さじ2

オリーブオイル…大さじ2

**作り方**

1. なすは縦半分に切り、火が通りやすいよう表面に数本切り目を入れる。オリーブオイルを熱したフライパンに入れ、やわらかくなるまで中火で焼く。
2. 天パンに皮目を下にしてなすを並べ、軽く混ぜたAをのせ、オーブントースターで焼き色がつくまで焼く。

かつお節と香味野菜がなすを引き立てる

## なすの中華風おかか炒め

●材料（2人分）

なす…2本

かつお節…4・5g

A

万能ねぎの小口切り…山盛り大さじ1

しょうがのすりおろし…小さじ½

にんにくのすりおろし…小さじ¼

しょうゆ…大さじ1

酢…大さじ1

ラー油…少々

ごま油…大さじ2

**作り方**

❶ なすはへたを除いて縦4等分に切り、さらに長さを3等分に切る。Aは混ぜ合わせる。

❷ フライパンになすを入れ、ごま油をかけて全体にからめる。中火にかけて、なすがしんなりするまで炒める。かつお節を加えてサッと炒め、Aを加えて味をからめる。

ヨーグルトソースにレモンがさわやか

## 焼きなすのトルコ風

●材料（2人分）

なす…2本

かつお節…4・5g

A

プレーンヨーグルト…大さじ2

にんにくのすりおろし…少々

レモン汁…小さじ1

EXVオリーブオイル…大さじ1

黒こしょう…少々

塩…小さじ¼

パプリカパウダー…適宜

**作り方**

❶ なすは丸ごとオーブントースターかグリルに入れ、途中返しながら、皮が焦げて身がやわらかくなるまで焼く。粗熱が取れたら皮をむき、へたを除いて一口大に切る。

❷ Aは混ぜ合わせて①をあえ、かつお節を加えて混ぜる。冷蔵庫で冷やして器に盛り、あればパプリカパウダーをかける。

おかか入りのオイルも絶品！

# マッシュルームのおかかアヒージョ

## Mushrooms

●材料（2人分）
- マッシュルーム…10個
- にんにく…2かけ
- 赤唐辛子…1本
- パセリ…少々
- かつお節…4.5g
- オリーブオイル…カップ$\frac{1}{3}$
- 塩…小さじ$\frac{1}{2}$
- バゲット…適量

**作り方**

1. マッシュルームは半分に切る。にんにくは粗みじんに切り、パセリはみじん切りにする。赤唐辛子はちぎって種を除く。
2. 小さめの鍋にオリーブオイルとにんにく、赤唐辛子を入れて弱火にかける。香りが立ったらマッシュルームを加えてオイルに浸し、2〜3分煮る。
3. マッシュルームがしんなりしたら火を止め、塩とかつお節を加えてひと混ぜし、オリーブオイルごと器に盛る。パセリを散らし、1㎝幅に切って焼いたバゲットを添える。

作りおきもおすすめ！　パスタとあえても

# いろいろきのこのおかかマリネ

●材料（2人分）

好みのきのこ（エリンギ、しめじなど2〜3種類）…合わせて150g
にんにく…1かけ
赤唐辛子…1本
A
- かつお節…4・5g
- レモン汁（酢でもよい）…大さじ3
- 塩…小さじ½

オリーブオイル…大さじ1

**作り方**

❶ きのこは石づきを取って食べやすい大きさにほぐす。
にんにくは包丁の腹などで押しつぶす。赤唐辛子はちぎって種を除く。

❷ フライパンにオリーブオイル、にんにく、赤唐辛子を入れて弱火にかけ、にんにくが色づいてきたらきのこを加えて強火にし、あまり触らずに焼き色がつくまで炒める。

❸ 火を止め、Aを加えてサッと混ぜ、冷ます。



酸味のあるあっさりとしたおいしさ

# えのきの煮浸し

●材料（2人分）

えのきだけ…1袋
A
- かつお節…4・5g
- 薄口しょうゆ 大さじ…1½
- みりん…大さじ2
- 水…カップ1

酢…大さじ½

**作り方**

❶ えのきだけは根元を切り落とし、長さを半分に切る。

❷ 鍋にAを入れて中火にかけ、煮立ったらえのきだけを入れ、
再び煮立ったら火を止めて酢を加える。

深みのある辛さがクセになる

## レンチンもやしのピリ辛おかか和え

●材料（2人分）

もやし…1袋
かつお節…4・5g
にんにく…1かけ
豆板醤《トウバンジャン》…小さじ1
ごま油…大さじ2
塩…小さじ½

**作り方**

1. もやしは洗って水けをきる。耐熱容器に広げてふんわりラップをかけ、電子レンジで1〜2分加熱してボウルに入れる。
2. にんにくはみじん切りにし、ごま油、豆板醤とともにフライパンに入れて弱火にかける。香りが立ったら熱いまま①に加え、かつお節と塩を加えてよくあえる。

もやし

---

桜えびとかつお節入りの生地が美味

## もやしのチヂミ

●材料（2人分）

もやし…1袋
万能ねぎ…½束

A
かつお節…9g
桜えび…大さじ1
卵…1個
小麦粉…50g
塩…少々

B
にんにくのすりおろし…少々
すり白ごま…適量
しょうゆ…大さじ2
酢…大さじ1
砂糖…小さじ½
一味唐辛子…少々

ごま油…大さじ1

**作り方**

1. もやしは洗って水けをきり、万能ねぎは小口切りにする。
2. ボウルにAを混ぜ合わせ、①を加えてざっくりと混ぜる。
3. フライパンにごま油をひいて中火にかけ、②を入れる。フライ返しで押さえながら、両面焼き色がつくまで焼く。
4. ③を食べやすく切って器に盛り、よく混ぜたBを添える。

ドレッシングにかつお節のうまみを

## アボカドとトマトのチョップサラダ

●材料（2人分）

アボカド…1個
トマト…1個
紫玉ねぎ…1/4個
かつお節…4・5g
A
レモン汁…大さじ1
EXVオリーブオイル…大さじ1
塩、黒こしょう…各少々

**作り方**

1. アボカドとトマトは1cm角に切り、紫玉ねぎはみじん切りにする。
2. ①とかつお節をボウルに入れ、Aを加えてよく混ぜる。

---

だし汁いらずのお手軽さ

## ブロッコリーとしらすの煮浸し

●材料（2人分）

ブロッコリー…1/2個
しらす…大さじ2
A
かつお節…4・5g
薄口しょうゆ…大さじ1
みりん…大さじ1
水…カップ1

**作り方**

1. ブロッコリーは小房に切って洗い、耐熱容器に並べ、ふんわりとラップをして電子レンジで1分30秒～2分加熱する。
2. 鍋にAを入れて火にかけ、煮立ったら、ブロッコリーとしらすを加えて1～2分煮る。火を止め、そのまま冷まして味をしみ込ませる。

COLUMN 2

# これは便利！<br>作りおき「万能おかかしょうゆ」

かつお節にしょうゆやオイルを加えた万能おかかしょうゆ。
目玉焼きや野菜にかけたり、酢を加えてオイルを足せば
ドレッシングとしても使えて便利です。

●材料（作りやすい分量）
かつお節…9g
しょうがのすりおろし…小さじ1
にんにくのすりおろし（好みで）
…少々
しょうゆ…大さじ4
みりん…大さじ2
EXVオリーブオイル…大さじ2

**作り方**

1 すべての材料を混ぜ合わせ、清潔な保存容器に入れる。

例えばこんな使い方

おかかしょうゆ
＋

目玉焼き

グリル野菜

素揚げした根菜

青菜のお浸し

焼きなす＋みじん切りみょうが

冷ややっこ・湯豆腐＋刻みねぎ

サラダ＋酢＋オリーブオイル

# 第3章

# いつものおかずがパワーアップ

今日のおかず何にしよう……

# そうだ！かつお節があった

肉や魚介はもちろん、豆腐や卵にかつお節を足すことで、うまみが増し、シンプルな調味料でもおいしくなります。うまみが増せば少ない塩分でも満足でき、減塩にもつながるという利点も。またご飯や麺にプラスすれば、たんぱく質も摂れて栄養バランスもよくなります。かつお節といえば和風料理と思いがちだけど、ご紹介するように洋風、中華風、エスニックの料理にも相性バツグンです。

肉
魚介
豆腐
麺・ご飯

栄養たっぷり！
かつお節が
あってよかった〜

●材料（2人分）
豚しょうが焼き用肉…4枚
A
- かつお節…4・5g
- 卵…2個
- 粉チーズ…大さじ1

小麦粉…適量
塩、こしょう…各少々
バター…大さじ1
B
- ポン酢…大さじ2
- トマトケチャップ…大さじ1
- マヨネーズ…小さじ1

好みの野菜（ミニトマト、パセリなど）…各適量

チーズとかつお節入りの衣が美味

# ポークピカタ

**作り方**

1. 豚肉は筋切りをして、塩、こしょうをふって薄く小麦粉をまぶす。
2. Aをよく混ぜ合わせ、①の豚肉全体にからめる。Bは混ぜ合わせる。
3. フライパンにバターを熱して②の豚肉を入れ、中火で片面2分ずつほど焼いて肉に火を通す。
4. ③を器に盛り、Bをかけて好みの野菜を添える。

Meat

肉

肉

肉だねにかつお節を練り混ぜて作る

# おかかハンバーグ

●材料（2人分）

A
- 合いびき肉…200g
- パン粉…大さじ1
- 牛乳…大さじ1
- かつお節…4.5g
- 卵黄…1個分

玉ねぎ…1/4個

B
- しょうゆ…大さじ1
- トマトケチャップ…大さじ1
- カレー粉…小さじ1/2

サラダ油…大さじ1/2

**作り方**

❶ パン粉は牛乳を加えて2〜3分おく。ボウルにAを入れて、粘りが出るまで手早く練り混ぜる。2等分してそれぞれ丸く成形する。

❷ フライパンに油を熱し、①を入れる。中火で焼き、焼き色がついたら返す。両面に焼き色がついたら、ふたをして3〜5分蒸し焼きにし、火を止めてそのまま5分ほど余熱で火を通す。再び中火で温め、器に盛る。

❸ ②のフライパンに細切りにした玉ねぎを入れて炒める。しんなりしたらBを加えて一煮立ちさせ、②のハンバーグにかける。

長ねぎソースをからめた和風味

# 豚ステーキ

●材料（2人分）

豚かつ用肉…2枚　長ねぎ…10㎝

にんにく…1かけ　かつお節…4.5g

A
- しょうゆ…大さじ1½
- 酒…大さじ3
- みりん…大さじ1
- 練りわさび…少々

サラダ油…大さじ½

塩、こしょう…各少々

好みの野菜（ベビーリーフなど）…適量

**作り方**

❶ 豚肉は筋切りをして、両面に軽く塩、こしょうをする。にんにくは薄切りにし、長ねぎは5㎜幅の小口切りにする。Aはよく混ぜる。

❷ フライパンに油とにんにくを入れて弱火で熱し、香りが立って色づいたらにんにくを取り出す。豚肉を入れて中火にし、両面2～3分ずつ、こんがりするまで焼く。

❸ ②に長ねぎとかつお節を加えてサッと炒め、Aを加え、汁けがなくなるまで煮からめる。好みの野菜とともに器に盛り、取り出したにんにくを散らす。

豚肉にかつお節のうまみをプラス

# 豚しゃぶと香味野菜のおかかしょうゆ和え

●材料（2人分）

豚しゃぶしゃぶ用肉…200g

好みの香味野菜

（みょうが、青じそ、パクチー、せり、みつばなど）…合わせて100gくらい

かつお節…4・5g

A
- しょうゆ…大さじ2
- 酢…大さじ1
- EXVオリーブオイル…大さじ1

**作り方**

1. みょうがと青じそはせん切りに、パクチー、せり、みつばは2～3㎝長さに切る。
2. 鍋に湯を沸かし、塩、酒各少々（分量外）を加え、豚肉を1枚ずつ広げながらサッとゆでて、ざるに上げる。
3. ②を器に盛る。①とAをボウルに入れて調味し、かつお節を加えてざっくり混ぜ、豚肉にのせる。

おそば屋さんのカレーみたいな

# かつお節入りチキンカレー

●材料（2人分）

鶏もも肉…200g
玉ねぎ…½個
トマト…½個
A しし唐…4本
　にんにく…1かけ
　しょうが…¼かけ
かつお節…4・5g
カレー粉…大さじ1½
塩…小さじ¼
サラダ油…大さじ1

**作り方**

❶ 鶏肉は大きめの一口大に切る。玉ねぎは薄切り、トマトはざく切り、しし唐は小口切り、にんにくとしょうがはみじん切りにする。

❷ 鍋に油と玉ねぎを入れ、中火できつね色になるまで炒める。Aを加えてさらに炒め、トマトを加えてペースト状になるまで加熱する。

❸ ②に鶏肉、かつお節、カレー粉、塩を加え、肉にからめながら炒める。肉の色が変わったら、ひたひたになるまで水を加える。煮立ったら弱火にして、肉がやわらかくなるまで20分ほど煮る。味を見て、足りないようなら塩（分量外）を足して調える。

肉

だしが出る素材がいっぱい

# 鶏肉の和風トマト煮込み

●材料（2人分）
鶏もも肉…1枚
玉ねぎ…½個
しめじ…1パック
にんにく…1かけ
トマト水煮缶（ホール）…½缶（200g）
かつお節…9g
A
しょうゆ…小さじ2
塩…小さじ½
水…カップ½
オリーブオイル…適量
塩、こしょう…各適量

**作り方**

1 鶏肉は一口大に切り、塩、こしょうをふる。玉ねぎはくし形に切り、しめじは石づきを切り落としてほぐし、にんにくは包丁の腹などで押しつぶす。

2 鍋にオリーブオイルとにんにくを入れて弱火にかけ、香りが立ってにんにくが色づいたら中火にし、玉ねぎを加える。軽く炒め、鶏肉を加えて炒める。

3 肉の色が変わったら、しめじ、トマト水煮、かつお節を加え、トマトをつぶしながら煮る。

4 トマトがなじんできたら、Aを加え、煮立ったら弱火にして、肉がやわらかくなるまで20分ほど煮る。味を見て、足りないようなら塩を足す。

エスニックな味にもよく合う

# おかかヤム・ウン・セン

魚介

Seafood

●材料（2人分）
- むきえび…100g
- 豚ひき肉…30g
- 春雨…30g
- 紫玉ねぎ…1/8個
- セロリ…10cm
- 貝割れ菜…1/2パック
- パクチー…1株
- きくらげ（乾燥）…2～3枚
- かつお節…4.5g
- A
  - にんにくのすりおろし…少々
  - ナンプラー…大さじ1
  - レモン汁…大さじ2
  - 砂糖…小さじ1/2

**作り方**

1. 紫玉ねぎは縦薄切りに、セロリは小口切り、貝割れ菜は根元を除く。パクチーは2～3cm長さに切る。野菜は合わせてボウルに入れる。きくらげは水でもどす。
2. 鍋に湯を沸かし、春雨を入れて表示通りにゆで、ざるに上げる。続いてきくらげを入れてサッとゆで、それぞれ食べやすく切って、①に加える。
3. ②の鍋にえびとひき肉を入れて色が変わるまでゆで、水けをきって①に加える。
4. Aを混ぜ合わせ、①に加えてよく混ぜる。味がなじんだらかつお節を加えて全体をさっくりと混ぜる。

深みを感じるやさしいおいしさ

# 豆腐ステーキ かつお節ときのこのとろみソースがけ

●材料（2人分）

木綿豆腐…1丁
しめじ…½パック
万能ねぎ…少々

A
- かつお節…4.5g
- 水…カップ½

B
- しょうゆ…大さじ1
- みりん…大さじ½

ごま油…大さじ1
片栗粉…小さじ1
サラダ油…大さじ1

**作り方**

1 豆腐はしっかり水きりをして、厚みを半分に切って半分の長さに切る。しめじは石づきを切り落としてほぐし、万能ねぎは小口切りにする。

2 フライパンにサラダ油を熱し、豆腐を入れて中火で両面に焼き色がつくまで焼き、器に盛る。

3 ②のフライパンにごま油を熱し、しめじを入れて中火で炒め、しんなりしたらAを加え、煮立ったら弱火にしてBで調味する。

4 ③に同量の水で溶いた片栗粉を加えてとろみをつけ、火を止める。②の豆腐にかけ、万能ねぎを散らす。

シンプルな具材でホッとする味

# おかか肉豆腐

●材料（2人分）

牛薄切り肉…200g
木綿豆腐…1丁
長ねぎ…1本
A
かつお節…4・5g
しょうゆ…大さじ2
みりん…大さじ3
水…カップ$\frac{3}{4}$

**作り方**

1. 豆腐は大きめの一口大に切り、長ねぎは1cm幅の斜め切りにする。
2. 鍋にAを入れて中火にかけ、煮立ったら牛肉を入れる。肉の色が変わったら取り出して、①を入れる。煮立ったら弱火にし、落としぶたをして10分ほど煮る。
3. ②の鍋に肉を戻し入れ、温まったら器に盛る。

ひとくち噛めばだしがあふれ出す

# かぶと高野豆腐のとろみあん

●材料（2人分）
鶏ひき肉…100g
高野豆腐…2枚
かぶ（小）…2個
かつお節…4.5g
A
薄口しょうゆ…大さじ1½
みりん…大さじ1½
水…カップ1½
サラダ油…小さじ1
片栗粉…小さじ1

**作り方**

1. かぶは茎を2cmほど残して皮をむき、縦4等分に切る。高野豆腐は表示通りもどして食べやすく切る。
2. 鍋に油を中火で熱し、ひき肉をほぐしながら炒める。肉の色が変わったら、かぶとAを加え、煮立ったらあくを取り、高野豆腐を加えて落としぶたをし、弱火で15分ほど煮る。
3. かぶがやわらかくなったら、同量の水で溶いた片栗粉を回し入れ、とろみをつけて火を止める。

Noodles

カレー粉が香って食欲がそそられる

# スパイシーにら焼きそば

●材料（2人分）

中華ゆで麺…2玉
豚ばら薄切り肉…50g
にら…1束
にんにく…½かけ
酒…大さじ1
A かつお節…4・5g
A カレー粉…大さじ⅔
A 塩…小さじ½
ごま油…大さじ1

**作り方**

1. 豚肉は2〜3㎝長さに、にらは5㎝長さに切る。にんにくはみじん切りにする。
2. フライパンにごま油とにんにくを入れて弱火にかけ、香りが立ったら中火にし、豚肉を入れて炒める。肉に火が通ったら麺を加え、酒をふって麺をほぐしながら炒める。
3. 麺がほぐれたらAをふり入れ、全体に味をなじませる。最後ににらを加え、サッと炒め合わせる。

だし汁なしで深い味になる

# トマトにゅうめん

●材料（2人分）

そうめん…2束
トマト…½個
長ねぎ…⅓本
にんにく…½かけ
かつお節…4・5g
A 薄口しょうゆ…大さじ1½
　酒…大さじ½
　水…カップ2
オリーブオイル…大さじ1

**作り方**

1. トマトは2cm角に切り、長ねぎは1cm幅の斜め切りに、にんにくはみじん切りにする。
2. 鍋にオリーブオイルとにんにくを入れて弱火で熱し、香りが立ったら長ねぎを加えて炒め、しんなりしたらかつお節を加える。
3. 長ねぎがくたくたになったらトマトを加えて中火にし、トマトが煮くずれるまで炒める。Aを加え、煮立ったら火を止める。
4. 別の鍋でそうめんをゆで、流水で洗って水けをきり、③の鍋に加えて温める。

麺

大根おろしを合わせてあっさりと

# いろいろきのこのパスタ

●材料（2人分）

ロングパスタ…160g
好みのきのこ（しめじ、エリンギ、しいたけなど）…100gくらい
大根おろし…カップ$\frac{1}{2}$
青じそ…4枚
にんにく…1かけ
赤唐辛子…1本
オリーブオイル…大さじ2
A かつお節…4・5g
　みりん…大さじ1
　しょうゆ…小さじ2
塩…適量

**作り方**

❶ しめじは根元を除いてほぐす。エリンギは長さを半分に切って薄切りに、しいたけも薄切りにする。にんにくはみじん切り、赤唐辛子は半分にちぎって種を取る。

❷ フライパンにオリーブオイル、にんにく、赤唐辛子を入れて弱火にかけ、香りが立ったらきのこを加えて強火で炒める。しんなりしたら弱火にして、Aを加えてひと混ぜする。

❸ 鍋に湯を沸かして塩を加え、パスタを表示時間通りにゆでる。

❹ ②にパスタのゆで汁大さじ2（分量外）と大根おろしを加え、ひと混ぜして温め、パスタを加えて混ぜる。器に盛り、せん切りにした青じそをのせる。

にんにくとパクチーがアクセント

# 豚ひき肉ときのこのピリ辛和え麺

●材料（2人分）

豚ひき肉…100g
中華麺（生）…2玉
好みのきのこ（しめじ、まいたけなど）…合わせて50gくらい
にんにく…½かけ
パクチー…1株
かつお節…4・5g
豆板醬…小さじ½
A みそ…小さじ1
　みりん…大さじ1
ごま油…大さじ1

**作り方**

1. しめじは根元を除いてほぐし、まいたけは食べやすくほぐす。にんにくはみじん切りにする。パクチーは2〜3cm長さに切る。
2. フライパンにごま油とにんにくを入れて弱火にかけ、香りが立ったら中火にして豆板醬を加えてサッと炒め、ひき肉を加えて炒める。
3. 肉の色が変わったら、Aを加えて混ぜながら炒め、きのこを加えて強火で炒める。
4. 鍋に湯を沸かし、麺を表示時間通りにゆで、水けをきって③に加える。かつお節を加えて混ぜ合わせ、器に盛ってパクチーを添える。

洋風の味にほんのりかつお節が香る

# ねこまんま風リゾット

●材料（2人分）

- 米…カップ⅔
- 玉ねぎ…¼個
- バター…大さじ1½
- A
  - かつお節…4.5g
  - 水…カップ2
- 粉チーズ…30g
- しょうゆ…小さじ1
- 塩…小さじ½
- イタリアンパセリ…少々

**作り方**

1. 玉ねぎはみじん切りにする。鍋にバターを中火で熱し、玉ねぎを透き通るまで炒めたら、米を洗わずに加える。米が透き通るまで炒めたら、Aを加えて弱火で煮る。
2. 煮汁が少なくなってきたら、水カップ½（分量外）を加え、また煮汁がなくなるくらいまで煮るというのを2回くり返して火を止める。
3. ②に粉チーズと塩を加えて軽く混ぜ、器に盛る。刻んだイタリアンパセリを散らし、かつお節（分量外）をのせ、しょうゆをかける。

シンプルに長ねぎと卵で作る

# おかか香るチャーハン

●材料（2人分）
温かいご飯…300g（茶碗2杯分）
卵…2個
長ねぎ…$\frac{1}{4}$本
かつお節…9g
しょうゆ…小さじ1
塩…少々
サラダ油…大さじ1

**作り方**

1. 長ねぎは小口切りにする。卵は溶きほぐす。
2. フライパンに油を熱し、溶き卵を加えて炒める。半熟になったらご飯を加えてほぐし、卵をからませながら炒める。
3. ②に長ねぎ、かつお節を加えてサッと炒め、しょうゆと塩で調味する。味を見て足りないようなら塩（分量外）を足す。

COLUMN 3

# ふりかけるだけ！<br>プラスかつお節のおいしさ

**ふりかけ感覚でいろいろな食材や料理にプラスできるかつお節。「にんべん」社員のみなさんのお気に入りの楽しみ方を紹介します。**

### 鶏のから揚げ

揚げたてあつあつにかつお節をかけ、粗びき黒こしょうと塩をまぶせば、大人の唐揚げのできあがりです。（日本橋店・Tさん）

### ポテトサラダ

塩のきいたスパイシーベーコン入りのポテサラにかけるのが大好き。スモーキーなベーコンとよく合います。（総務部・Mさん）

### メンチカツ

意外かもしれませんがメンチカツとかつお節って合うんです。パラッとかけてしょうゆで。和風味に変身します。（経営企画部・Tさん）

### ポテトチップス

ごくシンプルな薄塩のポテトチップスにかつお節を入れ、袋をガサガサふって全体にまぶすだけ。おいしいです！（経営企画部・Kさん）

### 豚肉の生姜焼き

しょうが焼きを食べる前にかつお節をパラリ。大好きなもの同士を合わせてみたら、味に深みが生まれて超美味に。（特販部・Hさん）

### 釜玉うどん

ゆでたてのうどんに生卵をからめてしょうゆをかけ、かつお節をワサッ。香りが立ってたまらないおいしさです。（研究開発部・Iさん）

# 第4章

# 簡単だしで作る一品

## 簡単！ だしのひき方

**この章のレシピで使っている「簡単だし」のひき方をご紹介。**
**手軽なのにしみじみとおいしいのが、かつお節だしのすごいところ！**

### 基本の量

熱湯 150㎖

＋

フレッシュパック１袋＝4.5ｇ

**作り方**

耐熱容器にかつお節を入れて熱湯を注ぎ、ふたをせず１〜２分おく。
そのあとサッと混ぜてざるや茶こしでこして、できあがり。

「だしがら」活用術

だしをひいたあとの「だしがら」には、うまみや栄養分が残っています。水けを絞って空炒りし、砂糖、しょうゆ、みりんを加え、汁けがなくなるまで炒るだけで、おかかふりかけに。

かつお節は料理にかけたり混ぜたりするだけでなく、もちろんだしをひくのにも使えます。和食のだしというと難しいイメージがありますが、この「簡単だし」は、かつお節に熱湯を注いでこすだけというお手軽さです。熱湯１５０㎖に対してかつお節は４・５ｇ。熱湯の量の３％が目安です。人数や使いたい分量に合わせて、使用するパック数や湯量を加減すればいいので、かつお節を計る手間も省けて便利です。

たねのうまみが出た煮汁もごちそう

# 簡単おでん

●材料（2人分）

手羽元…4本

大根…4㎝

結び糸こんにゃく…4個

好みの練り物（竹輪など）…数種類

春菊…½束

A
- 簡単だし…カップ2
- 薄口しょうゆ…大さじ1½
- みりん…大さじ1

**作り方**

1 大根は2㎝幅の輪切りにして皮をむき、片面に十字の切り目を入れる。

2 鍋に大根とひたひたの水を入れて火にかけ、煮立ったら結び糸こんにゃくをサッとゆでて取り出す。大根は竹串がスッと刺さる程度まで下ゆでする。

3 練り物は熱湯をかけて油抜きし、大きければ 食べやすく切る。春菊は根元を切り落とす。

4 鍋にAと手羽元、大根、糸こんにゃくを入れて中火にかける。煮立ったらあくを取り、落としぶたをして弱火で15分くらい煮る。

5 手羽元がやわらかく煮えたら、練り物を加え10分ほど煮る。最後に春菊を加えて火を止める。

※一度冷まし、再度温めると味がしみておいしくなる。

寒〜い日に体が芯から温まる

# 具だくさん雑炊

●材料（2人分）

豚ばら薄切り肉…100g

好みの野菜（白菜、にんじん、長ねぎなど）…各適量

好みのきのこ（しいたけ、えのきなど）…50gくらい

大根おろし…カップ½

卵…1個

ご飯…250g

A 簡単だし…カップ3
　しょうゆ…小さじ2

塩…適量

**作り方**

1. 豚肉は食べやすい大きさに、好みの野菜は小さめの一口大に切る。きのこは根元や石づきを切り落として食べやすく切る。卵は溶きほぐす。
2. 鍋にAを入れて中火にかけ、煮立ったら豚肉と野菜を入れる。火が通ったらきのことご飯を加え、弱火にして1分ほど煮る。
3. ②に大根おろしを加えて混ぜ、味が足りなければ塩で味を調え、再び煮立ったら溶き卵を回し入れて火を止める。

白みそで作るやさしい味

# かぶの豆乳みそスープ

すぐに火が通る食材で作る、豆乳と白みそでやさしい味わいに

●材料（2人分）

かぶ…1個
まいたけ…½パック
厚揚げ…60g
簡単だし…カップ1½
豆乳…カップ½
白みそ…大さじ3（合わせみその場合は大さじ2）

**作り方**

1. かぶは皮をむき茎を少しだけ残して葉を切り落とし、1㎝幅のくし形切りにする。まいたけは食べやすくほぐし、厚揚げは縦半分に切って1㎝幅に切る。
2. 鍋に簡単だしを入れて中火にかけ、煮立ったら①を入れる。かぶがやわらかくなるまで煮たら、豆乳で溶いた白みそを加える。

テールスープのような深いうまみ

# 牛肉のスープ

●材料（2人分）

牛薄切り肉…100g
まいたけ…½パック
A ┌ 簡単だし…カップ3
　 │ しょうゆ…大さじ1
　 └ 酒…大さじ1
ごま油 小さじ2
塩、こしょう…各適量
一味唐辛子…適宜

**作り方**

1. 牛肉は食べやすい大きさに切り、まいたけは一口大にほぐす。
2. 鍋にごま油を熱して牛肉を炒める。肉の色が変わったらまいたけを加えてサッと炒める。
3. ②にAを加え、煮立ったら弱火にして5分ほど煮て、塩、こしょうで味を調える。器に盛り、好みで一味唐辛子をふる。

あっさりとして品のある味わい

## 豆苗とあさりのスープ

●材料（2人分）
豆苗…150g
あさり…150g
A
簡単だし…カップ2
しょうゆ…大さじ1
酒…大さじ1

**作り方**

❶ 豆苗は3㎝長さに切る。あさりは塩水（分量外）につけて砂抜きし、水洗いする。

❷ 鍋にAとあさりを入れて中火にかける。あさりの口が開いたら豆苗を入れ、火を止める。

梅干しの酸味で食欲も進む

## とろろ昆布と梅干しのスープ

●材料（2人分）
とろろ昆布…10g
梅干し…2個
貝割れ菜…適量
簡単だし…カップ2

簡単だし汁のイノシン酸、とろろ昆布のグルタミン酸でうまみ成分の相乗効果

**作り方**

❶ 貝割れ菜は根元を切り落とす。とろろ昆布、梅干しとともに器に入れる。

❷ 簡単だしを温めて①に注ぎ、梅干しをくずしながら食べる。※すぐに食べるとやけどをするので、ほどよく冷まして食べること。

火の通りのいい食材ですぐにできる

## トマトときゅうりのかき玉スープ

●材料（2人分）
トマト…小2個
きゅうり…½本
溶き卵…1個分
A
簡単だし…カップ1½
塩…小さじ½

**作り方**

❶ トマトは1㎝角に、きゅうりは縦半分に切ってから斜め薄切りにする。

❷ 鍋にAを入れて火にかけ、煮立ったら①を加えてサッと煮る。溶き卵を回し入れて火を通す。

きゅうりのシャキシャキが食感のアクセントに

食欲のないときも
ツルツル入る

## もずくの冷たいスープ

●材料（2人分）
もずく…100g
オクラ…2本
A 簡単だし…カップ2
　薄口しょうゆ…大さじ⅔

**作り方**

❶ オクラは塩少々（分量外）でもみ、さっとゆでる。粗熱が取れたら小口切りにする。

❷ ボウルにAを入れ、もずくとオクラを加えて混ぜ、冷蔵庫で冷やして食べる。

豆乳とみそでコク出し

## アボカドの冷製すりながし

●材料（2人分）
アボカド…1個
簡単だし…カップ1
豆乳…カップ½
白みそ…大さじ1

**作り方**

❶ アボカドは皮と種を取る。材料すべてをミキサーに入れて、なめらかになるまで攪拌する。

冷たさの中にだしのうま味

## 簡単冷や汁

●材料（2人分）
ミニトマト…6個
みょうが…1個
万能ねぎ…1本
いり白ごま…小さじ1
簡単だし…カップ1½
みそ…30g

**作り方**

❶ ミニトマトはへたを取って縦半分に切る。みょうがはせん切りにする。

❷ 簡単だしにみそを溶かし、①を入れて冷蔵庫で冷やす。器に盛り、小口切りにした万能ねぎと白ごまを散らす。

# 「にんべん」おすすめ一汁一飯

にんべん日本橋本店内の「日本橋だし場」では、伝統的な食事の基本、一汁一飯を提供しています。その「日本橋だし場」で人気のだしスープを家庭用に簡単アレンジしてご紹介。かつぶしめしを添えて、そのおいしさを味わって。

販売当初からの定番人気

## 豚汁

●材料（4人分）

豚ばら薄切り肉…70g
にんじん…30g
大根…60g
ごぼう…30g
こんにゃく…30g
万能ねぎ…適量
簡単だし…カップ3
A 赤みそ…大さじ½
　白みそ…大さじ1½

**作り方**

❶ 豚肉は3〜4㎝長さに切り、にんじん、大根は5㎜厚さのいちょう切りに、ごぼうはささがきにする。こんにゃくは短冊切りにする。

❷ 鍋に簡単だしを入れて火にかけ、煮立ったら豚肉を入れる。肉の色が変わったら、大根、にんじん、ごぼうを加え、5〜6分煮る。

❸ 野菜がやわらかくなったらこんにゃくを加えて1〜2分煮て、Aを溶き入れて火を止める。器に盛り、小口切りにした万能ねぎを散らす。

とろみもあって食べごたえがある

## 肉だんごと春雨スープ

●材料（4人分）
- 肉だんご（市販）…12個（120g）
- にんじん…1/3本
- キャベツ…60g
- 春雨（乾燥）…25g
- 簡単だし…カップ3
- A しょうゆ…大さじ2
  - 酒…大さじ1
  - 砂糖…小さじ1
  - 塩…少々
- 片栗粉…大さじ1
- 一味唐辛子…少々

**作り方**

1. にんじんは5㎜厚さのいちょう切りに、キャベツはざく切りにする。春雨は湯につけてもどし、食べやすく切る。
2. 鍋に簡単だしを入れて火にかけ、煮立ったら肉だんごとにんじんを加え、5〜6分煮る。にんじんがやわらかくなったら、春雨とキャベツを加える。
3. キャベツがしんなりしたらAを加えて調味し、同量の水で溶いた片栗粉を入れてとろみをつける。器に盛って一味唐辛子をふる。

豆乳で作る軽やかな味わい

## クラムチャウダー

●材料（4人分）
- あさりのむき身（冷凍でもよい）…70g
- にんじん…50g
- じゃが芋…1個
- 玉ねぎ…60g
- バター…大さじ1
- 小麦粉…大さじ1½
- 簡単だし…カップ2
- 豆乳…カップ1
- パセリのみじん切り…少々
- 塩、こしょう…各少々

**作り方**

1. にんじん、じゃが芋、玉ねぎは1.5㎝角に切る。
2. 鍋にバターと①を入れて中火で炒める。全体にバターがまわったら、小麦粉をふり入れて具材にからめる。
3. ②に簡単だしを少量ずつ注ぎ、だまにならないようによく混ぜる。煮立ったら弱火にして、あさりを加える。豆乳を加え、一煮立ちしたら、塩、こしょうで味を調える。器に盛って、パセリを散らす。

COLUMN 4

# 「にんべん」社員のおかか弁当

**ふりかけたり、混ぜたり……簡単においしさ倍増！ かつお節を愛する「にんべん」の社員のみなさんに、お弁当を見せていただきました。**

研究開発部
H.E さん

ご飯、お浸し、炒め物の３品で
フレッシュパックを１袋使いきっています。
かつお節を混ぜるだけで
味がしっかり決まるので、薄めの
味つけでも満足できます！

研究開発部
T.A さん

さばの竜田揚げにかつお節と
青のりをまぶしました。
一緒に素揚げした
じゃが芋にもパラリ。
簡単なのに手間をかけた
おかずに見える（？）
一品です。

経理部
S.S さん

かつお節と
白ごまとしょうゆを
混ぜ合わせただけの
「簡単おかかで、
のり弁」です。

経営企画部
広報宣伝グループ
Y.N さん

かつお節と
小松菜を炒めて、
混ぜ込みおにぎりに
しました。
混ぜ込みご飯に
野菜を使うと少し
水っぽくなりがちですが、
かつお節を入れることで
程良くなります。

経営企画部
広報宣伝グループ
N.H さん

いつものタマゴサラダに
“かつお節を
甘じょっぱく炒ったふりかけ”を
加えて和風に！
自分の好みの味に調整でき、
隠し味にもなるので、
ふりかけ作りは
おすすめです◎

# 第5章

# 「にんべん」社員の晩酌おつまみ

さあ
カンパーイ

かつお節を
プラスするから
おいしくなる！

# 簡単
# おつまみ

家での晩酌にもかつお節は大活躍。
かつお節の風味は、日本酒や焼酎、ビールなど、
どんなお酒とも相性がよく、
冷蔵庫にある食材と合わせるだけで、
洒落たおつまみがササッと作れます。
日々の晩酌が楽しくなる、
かつお節のおつまみレパートリーをご紹介します。

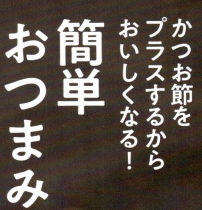

おかか入り納豆をお揚げに詰めて

# 焼きお揚げ納豆

●材料（2人分）

油揚げ…2枚

A
- かつお節…4.5g
- 納豆…小1パック（40gくらい）
- 溶けるチーズ（シュレッドタイプ）…40g
- 万能ねぎの小口切り…大さじ4

しょうゆ…小さじ1

**作り方**

1. ボウルにAを入れてよく混ぜる（納豆のたれも加える）。
2. 油揚げは半分の長さに切る。袋状にして①を詰め、グリルかオーブントースターでこんがりするまで焼き、食べやすく切る。しょうゆをかけて食べる。

もう一品欲しいときの副菜にも

# ピリ辛たたききゅうり

●材料（作りやすい分量）

きゅうり…1本

かつお節…4.5g

A
- にんにくのすりおろし…少々
- ナンプラー…小さじ1½
- レモン汁…小さじ1½
- 砂糖…少々
- 一味唐辛子…少々

**作り方**

1. きゅうりはまな板にのせ、すりこ木などで軽くたたき、食べやすい大きさに切る。
2. ボウルにAを入れて混ぜ、①とかつお節を加え、きゅうり全体に味をなじませる。

ビールや焼酎が進みます

## ポテトフライのおかか山椒

●材料（作りやすい分量）
じゃが芋…2個
かつお節…4・5g
サラダ油…大さじ3
塩…少々
粉山椒…適量

**作り方**

❶ じゃが芋は皮をむき、5〜6cm長さの棒状に切り、5分ほど水にさらす。耐熱容器に入れ、ふんわりとラップをして電子レンジで2〜3分、竹串がスッと入るくらいまで加熱する。

❷ フライパンに油を熱し、①を入れてきつね色になるまで揚げ焼きにする。カリッとしたらボウルやバットにとり、熱いうちにかつお節、塩、粉山椒をまぶす。

缶詰にひと手間かけて味を格上げ

## おかかオイルサーディン

●材料（2人分）
オイルサーディン…1缶
にんにく…½かけ
レモン汁…小さじ1
かつお節…4・5g
塩…適量
パセリのみじん切り
（または万能ねぎの小口切り）、
薄切りバゲット…各適量

**作り方**

❶ にんにくは薄切りにしてオイルサーディンに散らす。焼き網を置いたコンロに缶ごとのせ、ごく弱火にかける。

❷ ふつふつと沸いてきたら火を止め、レモン汁をかけ、味が足りなければ塩をふる。パセリとかつお節をのせ、バゲットを添える。

はんぺんをマヨおかかのソースで

## はんぺんカナッペ

●材料（作りやすい分量）

はんぺん…1枚

ミニトマト…3〜4個

きゅうり…$\frac{1}{2}$本

A
- かつお節…4・5g
- マヨネーズ…大さじ2
- レモン汁…小さじ$\frac{1}{2}$
- EXVオリーブオイル…大さじ1

**作り方**

1 はんぺんは4等分に切り、厚さを半分に切る。ミニトマトは小さく切り、きゅうりは薄い輪切りにする。

2 Aをよく混ぜ合わせてはんぺんにのせ、トマトときゅうりをのせて器に盛る。

ハイボールのおともにどうぞ

## うまみ鶏から揚げ

●材料（2人分）

鶏もも肉…1枚

A
- かつお節…9g
- しょうゆ…大さじ1
- 酒…小さじ2

片栗粉…適量

揚げ油…適量

**作り方**

1 鶏肉を一口大に切り、Aで下味をつけて30分以上おく。

2 片栗粉をまぶして揚げる。

ごま油ときゅうりの食感がアクセント

# まぐろと生ハムのおかかユッケ

●材料（2人分）

まぐろの刺身…80g

生ハム…20g

きゅうり…1/3本

いり白ごま…小さじ1

A
- かつお節…4・5g
- しょうゆ…小さじ1
- ごま油…小さじ1

卵黄…1個分

**作り方**

1. まぐろときゅうりは1cm角に切り、生ハムは細かく切る。
2. ボウルにAを入れて混ぜ、①を加えてよく味をなじませる。器に盛って白ごまをふり、卵黄をのせる。

つくねの肉だねにかつお節を入れて

# 一口かつお節つくね

●材料（2人分）

〈つくねだね〉

鶏ももひき肉…200g

かつお節…4・5g

長ねぎ…1/2本

塩…小さじ1/4

酒、片栗粉…各小さじ1

〈トッピング〉

明太子&マヨ&万能ねぎ、大根おろし&青じそ&EXVオリーブオイル

**作り方**

1. ボウルにひき肉と塩を入れて粘りが出るまで練り、かつお節、みじん切りにした長ねぎ、酒、片栗粉を加えて混ぜる。
2. 手にサラダ油（分量外）をつけて①を棒状にして竹串に刺し、魚焼きグリルで10〜15分焼く。
3. それぞれのトッピングをのせる。

## 相性抜群！おかか＋チーズのおつまみ４種

**かつお節とチーズはどちらも発酵食品。合わせると相乗効果でよりおいしさがアップします。いろいろなチーズと合わせて楽しみましょう。**

レモンの酸味とわさびをきかせて

### アボカドチーズ

●材料（2人分）

アボカド…1個

クリームチーズ…50g

A

- かつお節…4・5g
- しょうゆ…大さじ½
- レモン汁…小さじ1
- わさび…少々
- EXVオリーブオイル…大さじ1

**作り方**

1. アボカドとクリームチーズは1.5㎝角に切る。
2. ボウルにAを混ぜ合わせ、①を加えてよくあえる。
3. 器に②を盛り、かつお節（分量外）をかける。

ご飯だけでなく
パンにも合います

### おかかトースト

●材料（1人分）

食パン…1枚

スライスチーズ…1枚

かつお節…4・5g

バター…適量

**作り方**

1. 食パンにバターを塗り、かつお節、スライスチーズを順にのせてオーブントースターで焼く。

溶けるチーズを
フライパンで焼いて

## パリパリチーズ

●材料（2人分）
溶けるチーズ
（シュレッドタイプ）…80g
かつお節…4・5g
好みの香辛料（カレー粉、七味唐辛子、黒こしょう、山椒など）…各適量

**作り方**

❶ フッ素樹脂加工のフライパンにチーズを8等分して丸くのせ、弱火にかける。
❷ チーズが溶けてきたら好みの香辛料をかけ、かつお節をのせる。チーズのまわりが固まってきたら火を止め、ペーパータオルなどに取り出す。

おかかじょうゆに
漬けておくだけ

## モッツァレラしょうゆ漬け

●材料（作りやすい分量）
モッツァレラチーズ
…大1個（100g）
にんにく…1かけ
A
かつお節…4・5g
しょうゆ…大さじ1
EXVオリーブオイル
…大さじ1

**作り方**

❶ にんにくは薄切りにし、Aとともにポリ袋に入れる。チーズを加えて調味料をよくなじませたら、空気を抜き、冷蔵庫に半日〜一晩入れておく。
❷ 食べやすく切って器に盛る。

COLUMN 5

# 巻くだけ！簡単おつまみ

**鰹節の専門店「にんべん」ならではのアイデアが生かされた、板状鰹節シート「手巻きかつお」。栄養豊富なかつお節を手軽に楽しむことができ、お料理の幅が広がります。**

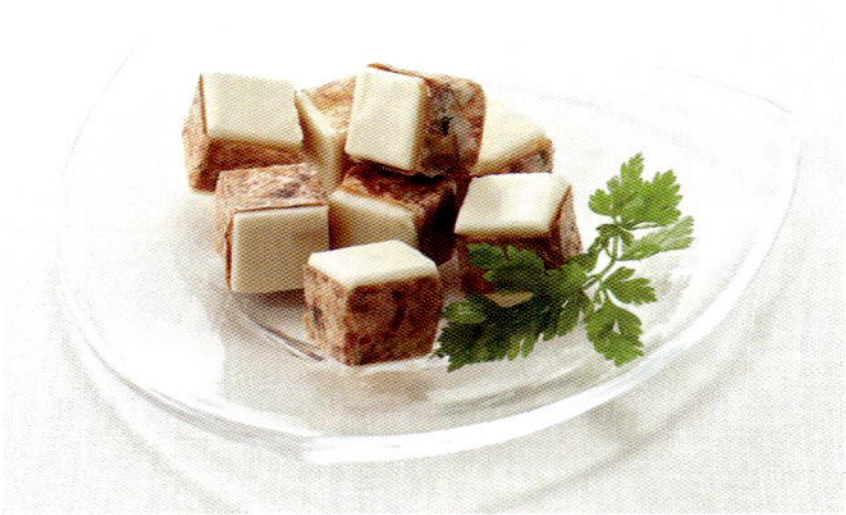

写真は「手巻きかつお」（2ツ切・5枚入）。他にも4ツ切タイプや昆布入りタイプがある。チーズに巻いておつまみや、焼き餅に巻いてちょっとしたおやつに。

「もっとかつお節の豊富なたんぱく質を無駄なく手軽に摂ってほしい」というコンセプトから生まれた商品が、のりのように使える新感覚のかつお節シート。

厳選したかつお節を加圧して薄くシート状にしたもので、おむすびはもちろん、お弁当のアクセントなどにも、巻く・包む・挟むなど使い方は自由自在。

だしをひくときには、鍋の中で形がくずれにくいので、こす手間がいらず取り出せる使い勝手のよさも魅力です。

「手巻きかつお昆布入り」（2ツ切・5枚入り）。昆布のうまみをプラス。

# かつお節をめぐる おいしいお話

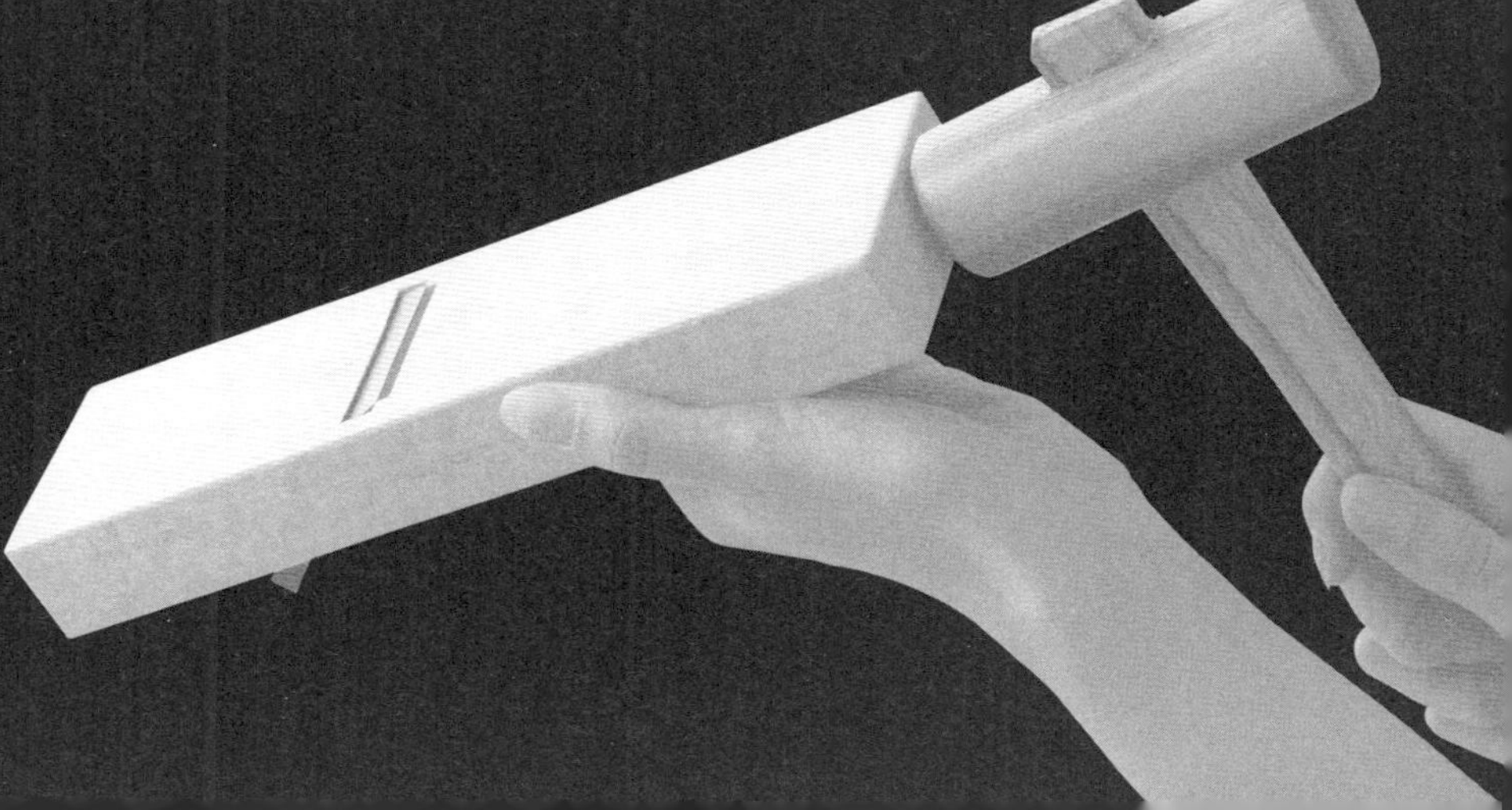

# フレッシュパック開発物語

**いまではごく身近な食品となった「フレッシュパック」。開発にあたった時代背景や、発売までの経緯、時代のニーズに合わせた製品の進化についてご紹介します。**

## かつお節を使う食文化を絶やしてはいけない

「かつおぶし削り フレッシュパック」が誕生したのは昭和44年（1969）、高度経済成長期といわれた時代でした。日本経済が飛躍的に成長を遂げ、「会社人間」と形容される勤勉なサラリーマン層を生み出し、女性の社会進出が始まったそんな時代背景だったのです。そのころの日本は、家事負担を軽くするための便利な家電が各家庭にどんどん普及していき、調理にも利便性が求められ、食卓ではうまみ調味料が台頭。それまでは、専用のかんなを使って各家庭で削られていたかつお節も、使う習慣が減少していきました。

当時の「にんべん」の社員たちは思いました。「日本の伝統的な食材であるかつお節を使う食文化を絶やしてはいけない」と。では、かつお節を残していくためにはどうしたらいいか、どんな形なら時代のニーズである利便性に応えられるのか、そして削りたてのおいしさを保持することができるのか……。そんな思いによって開発されたのが「かつおぶし削りフレッシュパック」だったのです。

進化し続ける「フレッシュパック」の開発に携わった昭和52～53年頃の研究開発部のメンバー。商品のターゲットであった女性部員の意見は開発に大いに参考となった。後列右端が新海豊一氏。

しかし、かつお節は元来「お客様の顔を見てから削れ」といわれてきたほどデリケートな食品。酸化しやすく、かつお節の豊かな風味は、空気に触れることで急速に失われてしまうため、「削りたての味と香り」を保持するためには、いくつもの大きなハードルがありました。

## おいしさを封じ込めるために試行錯誤

開発を始めたのは昭和33年（1958）。大学の研究陣などの応援を得ながら進め、削り節を入れる袋に炭酸ガスを吹き込んで密封する機械を開発して試作品を完成させましたが、その時点では発売には至りませんでした。

そののちに研究開発の担当になった新海豊一は、昭和36年（1961）の入社時にこの特命を受け、関係者と再び研究にあたります。その結果、翌昭和37年にアルミ箔包装にチッ素ガスを入れてシールするボックス型のガス置換包装機で商品化に成功。しかし、中身が見えないという理由から、再び発売を断念せざるを得ませんでした。

その後、袋自体の技術革新も進み、昭和43年（1968）には、ポリプロピレンとポリエチレンでビニロンをサンドイッチした3層の特殊フィルムが包材として出てきたことに着目。これを使用することで念願の「フレッシュパック」が完成したのです。着想から10年もの時間が経過していました。

そうして完成したフレッシュパックは、開発当時からの課題であった「削りたての風味の長期間保持」を可能にした優れものでしたが、それまでの常識を打ち破る斬新な新製品であったため、社内でも、そして販売関係者からも発売への抵抗がありました。しかし、当時代表取締役であった高津照五郎と取締役総務部長だった十二代目高津伊兵衛は、それを押しき

「フレッシュパック」の生産一号機。生産機は協力工場のひとつ「佐島水産」で使用した後に、研究開発部にて試験・開発用に長らく使用していた。

ってゴーサインを下したのです。

## 削りたての風味と利便性から大ヒット商品に

発売には至ったものの、それまでに見たこともない画期的な商品は受け入れられるまでに時間がかかりました。食べやすいように、それまでの削り節より細かく破砕された中身も当初は受け入れられず、営業先では「こんなくずを売るのか」と厳しい言葉を言われたことも。

しかし、開発者をはじめ、社員たちの熱い気持ちが込められたフレッシュパックは、徐々に世の中に浸透していき、手作業での破砕から機械化され、やがて1台の機械だけではとても間に合わない受注量にまで達していきました。使いきれる消費単位を考慮した5g入りという容量や、自分で削る手間が省け、いつでも削りたてが味わえる、ふりかけ感覚で料理や食卓で気軽に使える利便性が受け入れられて、昭和45年（1970）以降は爆発的な売れ行きを示すまでになり、発売後8年間で166倍もの伸びを示すほどの大ヒット商品となりました。それまで停滞を続けていたかつお節の業界でもこれに着目し、昭和46年ごろになると同業他社の多くも同様の商品を手掛けるようになっていきます。

## 口の中でふわっと溶ける独自の削り方を開発

フレッシュパックは当初、贈答品として発売されていた、いわば高級食材でした。その後じわじわと口コミによって一般家庭にまで広がっていき、スーパーで日常的に購入できるようになり、より身近な食品になっていったのです。多くの人たちにおいしく食べてもらうためには

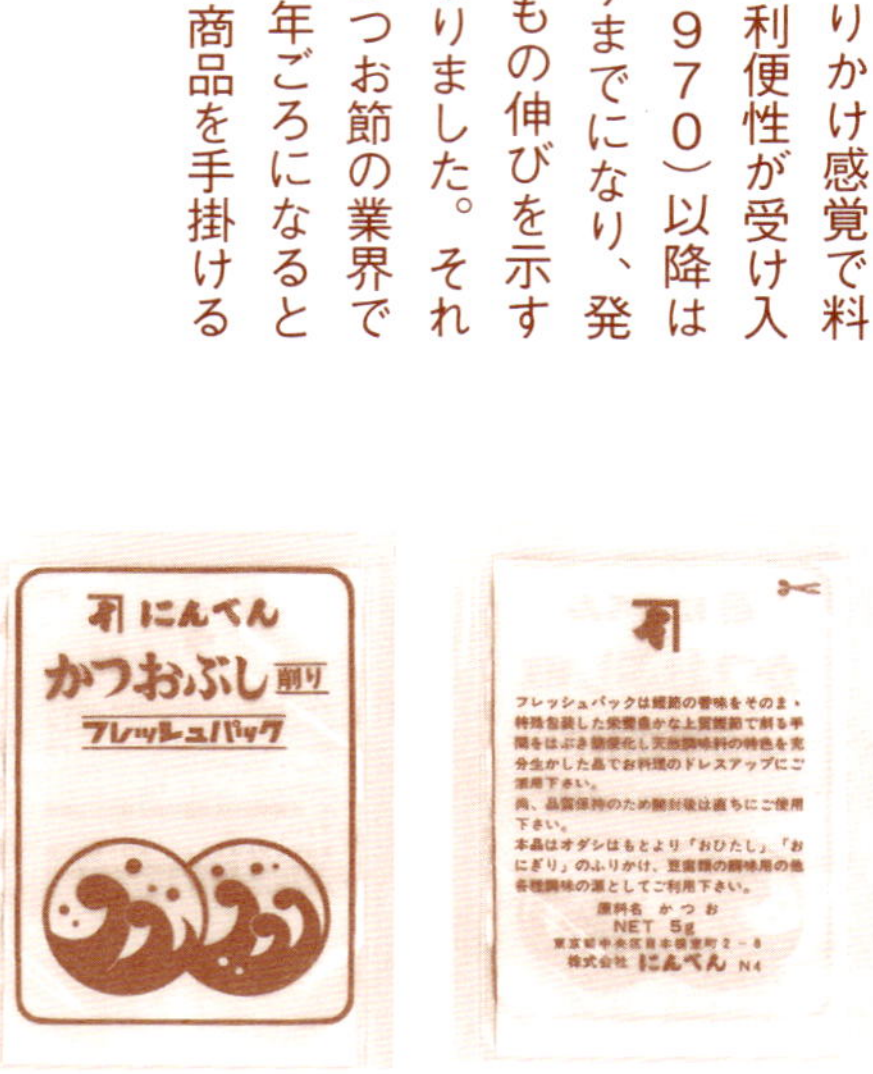


初代「フレッシュパック」の個袋パッケージ。当時は大袋入りが主流であったが、開封後に使いきることができるように内容量を5gとし、個包装にした。

どうしたらいいか。発売以降も、世の中のニーズに合わせて、時代とともに少しずつ進化を遂げていきます。

大きく変わったのは、独自の切削《せっさく》技術でした。発売当初は現在より幅広い削り節でしたが、食べやすく、そしてふわっと口の中で溶けるような食感を目指して、削り機までをも自社で開発。それはかつお節の繊維を断ち切るように削る方法で、口当たりがよくなる半面、削り節が粉々になってしまうというリスクも生じます。また、削るときに熱が加わると、かつお節も変化を起こしやすく、風味に影響してしまうという課題もありました。これらのリスクをクリアしてオリジナルの切削機が完成。そして誕生したのが、「フレッシュパックハイソフト」でした。

昭和54年（1979）の発売当時のキャッチフレーズ〝舌の上にのせるとシュッととろけそう〟の通り、ふわっとやわらかな食感を実現したのです。

## 伝統の味をこれからも
## ずっと伝えていくために

削り方以外にも、かつお節の血合いを取り除いて削り、クセがなく上品な味に仕上げた「フレッシュパックゴールド」や、かつお節をのりのようなシート状に仕上げた「かつお節シートパック」、かびつけを4回以上行って深いうまみを実現した「本枯鰹節シリーズ」など、現在ではラインナップもバラエティ豊かに広がっています。

2019年3月17日で創業から320年、鰹節専門店として伝統の味を後世に伝えていくべく、これからもフレッシュパックは進化を続けていきます。

昭和45年の発売当初の広告。キャッチフレーズの“0秒”は、かつお節を自分で削るのが当たり前だった時代に、手間を省ける救世主として話題を集めた。

# かつお節ができるまで

**素材を厳選し、熟練した職人たちが昔ながらのつくり方を守る「にんべん」の本枯節の製造工程をご紹介します。**

## 1. 素材を選ぶ

おいしいかつお節づくりは、かつおを見極めるところから始まる。脂肪が多すぎず少なすぎないバランスを見極める。

↓

## 2. かつおをおろす（生切り・身おろし）

熟練した職人がかつお1尾を三枚におろし、背側と腹側に分けて4本の節を作る。小型の場合は2本の節に。

## 3. 煮籠に並べる（籠《かご》立て）

背と腹に分けた切断面を下にして、並べ方のルールに従って煮籠にていねいに並べていく。形が崩れないように慎重に進める。

↓

## 4. 煮る（煮熟《しゃじゅく》）

75～98℃に調整した煮釜に入れ98℃で60～90分煮る。たんぱく質を熱凝固させてうまみを閉じ込める。殺菌、酵素失活の目的も。

↓

## 5. 冷まして骨を抜く（放冷・骨抜き）

煮熟したものを風通しのよい場所で冷まして身を引き締めたあと、水につけて骨抜きし、背皮を頭部から全体の1/2～2/3ほど剝ぎ取る。

↓

## 6. 燻す（焙乾《ばいかん》）

骨抜きした節をせいろに並べて、なら・くぬぎなど樹脂の少ない広葉樹の薪を燃やして燻し、水分をとばし、菌の繁殖や酸化を防ぐ。

## 7. 形を整える（修繕）

煮熟肉と生肉を混ぜてすりつぶし裏ごししたもので、煮熟や骨抜きなどで損傷した部分を焙乾の翌日に整える。熟練の技が求められる。

↓

## 8. 繰り返し燻す（間歇《かんけつ》焙乾）

修繕した節を再び燻し、少しずつ乾燥させる。12～13回繰り返し燻さなければ、中心部分まで乾燥しない。

荒節

この段階を経た状態のものが「荒節」。市販の削り節の約8割はこの荒節を削ったもの。荒節の削り節は「花かつお」とも呼ばれる。

↖

## 9. 表面の黒い部分を落とす（削り）

かび付けしやすいように、荒節の表面の焙煙成分やにじみ出た脂肪を小刃やグラインダーで削り落とす。作業には熟練した技が求められる。

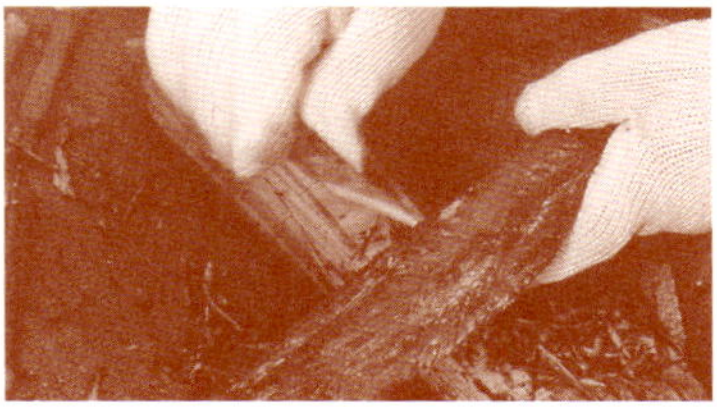

裸節

表面をきれいに削り終えたものを「裸節」と呼ぶ。熟練した職人の手によって表面がつるつるに磨かれる。

↓

## 10. かび付けと天日干し（かび付け・日乾）

裸節を戸外で2～3日干し（日乾）、純粋培養された麴かびを移植して 温度と湿度が管理されている室に入れる。最初についた一番かびを落として再び日乾し、かび付けを繰り返す。にんべんでは四番かび以上つけたものを本枯鰹節という。

↓

## 11. 品質をチェック（選別）

手触り、節音、そして太陽の光に透かして内部の状態をチェックする。この道30年以上のベテランの職人により選別され、合格したものが商品になる。

本枯鰹節

写真上が背側で「雄節（背筋）」、下が腹側で「雌節（腹筋）」と呼ぶ。「雄節」のほうが脂肪が少なく、上品な味わい。

完成！

# かつお節にまつわる10の話

私たちの身近にある食材なのに
意外と知らないことも多いかつお節。
あなたはいくつ知っていましたか？

## 1

## かつお節は「荒節」と「枯節」の２種類があります

かつお節の種類には「荒節《あらぶし》」と「枯節《かれぶし》」、そして「本枯鰹節《ほんかれかつおぶし》」があります。荒節は原料であるかつおをゆでて燻したもの。「焙乾」と呼ばれる燻《いぶ》しの作業によって、表面に燻煙成分がついている状態で、約19〜22%の水分があります。燻煙香が強く、コクのある味わいです。

一方の枯節は、荒節の表面を削り裸節にしたものにかび付けして発酵・熟成させたもので、水分は15〜18%。つけた一番かびを落として、再びかび付けする作業を繰り返し行うもので、一般的に二番かびまでつけたものを「枯節」、にんべんでは四番かび以上のものは「本枯鰹節」としています。かつお節のかび付けは、主に乾燥の度合いを高めるために行うもので、水分が抜けることで保存性が高まるうえ、うまみや栄養成分がギュッと凝縮される作用があります。また、かつお節のかびは、みそやしょうゆに利用される麴カビ属の一種で、発酵中にさまざまな酵素を産生。それらの酵素によって、荒節の魚臭さ、強い燻煙香が分解されて、まろやかで上品な風味を生み出しています。

## 2 血合いの有無や削り方によっても風味が違う

かつお節は魚肉の血合い（暗赤色の部分）の有無や、削り方の違いによっても風味や食感が違ってきます。ごく一般的なかつお節は血合い入りのものが多く、血合いから出るうまみを含んでいて、こくのあるだしがひけます。血合い抜きのかつお節はくせがなく、とても上品な味わいを楽しめます。また削り方も薄削りのほうがだしが出やすく、短時間でだしがひけます。

厚削りといわれる厚く削られたかつお節は、時間をかけて煮出す方法が適しています。おそば屋さんでひいているだしは厚削りを使用していることが多く、うまみが深く濃いだしをひくことができるのです。

## 3 香りの鮮度を保つためには冷蔵保存を

かつお節の香りは、削りたてが一番のごちそうです。空気に触れると、酸化して香りがどんどん変化していくため、封を開けたら使いきることをおすすめします。使いきれない場合は、袋の空気を抜いて食品用のクリップや輪ゴムなどで口を閉じ、冷蔵庫で保存しましょう。冷蔵保存する場合も、翌日には食べきるのが理想です。

## 4 かつお節はたんぱく質の宝庫です

かつお節を栄養面で見ると、注目されるのはそのたんぱく質の多さ。生のかつおのたんぱく質は約25%ですが、かつお節になると水分が抜けて約75%とアップします。またかつお節は人の体で作り出せない必須アミノ酸をバランスよく含んでいます。さらに、かつお節からひいただしには、カロリーがほとんどないため、食材選びの幅が広がり、体重や体調管理にも役立ってくれます。節としての優れた保存性にも注目を。いざというときの非常食としても使える、頼りになる食材なのです。

## 5 安心・安全なかつお節は食育にも貢献

かつお節の原料はかつお。添加物は一切使用されていないので、食の安全に関心が寄せられているいま、安心・安全な食材として見直され、離乳食にも使われる機会が多くなっています。例えば、最初の離乳食としてかつお節だしの上澄みをなめさせたり、離乳食を作るとき水の代わりにだしを使ったり。赤ちゃんがミルクを離れて初めて食べる味は、将来の味覚を形成するためにもとても重要で、かつお節は食育にも大いに役立ってくれるのです。にんべんでは子どもたちに伝統の味を伝える活動をしています。

## 6 かつおは古くから日本人に食されてきました

かつおは古くから日本列島の太平洋沿岸、黒潮流域で豊富に漁獲されてきた歴史があります。そのかつおを使って、奈良・平安の律令時代には「堅魚《かたうお》」「煮《に》堅魚《かたうお》」「堅魚煎汁《かつおのいろり》」が創案され、たんぱく源として日本人の食生活を支えました。堅魚はかつおを素干しにしたもの、煮堅魚は煮てから干したもの、堅魚煎汁は煮堅魚の煮汁を煮つめて作ったもので、これらは食材や調味料として使われてきました。こうして千年以上前からかつお節の原形になるようなものが存在し、現在までの長い間、私たちの食生活に密着してきたのです。

## 7 現在のようなかつお節は江戸末期から

古くから食されてきたかつおは、時代とともに食べ方が変化し、加工の技術も進歩。室町時代に入り、「焙乾」という技術が導入され「かつお節」が誕生します。江戸時代に入る前から、焙乾小屋は、五島・平戸・紀伊・志摩・土佐各国に建てられましたが、かつお節が広く世間で知られるようになったのは、紀州の焙乾小屋の改良に伴ってかつお節が進歩を始めてから。大坂堺港の大商人や、京都の上流家庭で煮物や汁物料理が盛んになるにつれ、うまみを付加するためにかつお節がだしとして用いられるようになりました。

8

## 関西は荒節、関東では枯節が好まれる

関西と関東では、好まれるかつお節の種類にも違いがあります。それはかつて、かつお節が大坂から江戸へと普及した経緯に理由がありました。かつお節は、西の土佐や薩摩から食にうるさい大坂に集まり、大坂から江戸へと運ばれていったのですが、その運搬途中では何度もかびがついたといいます。取り払ったもののまたかびがつき……という繰り返し。しかし日本橋に到着してから、試しにそのかつお節を食べてみたところ、得も言われぬおいしさだったことから「枯節」が誕生したという説があり、以降、近郊の千葉や伊豆などでつくらせて、江戸の町に普及していきました。そんな経緯から、今でも関西では「荒節」が、関東では「枯節」が好まれる傾向があると言われています。

9

## かつお節と昆布の合わせだしは関西発祥の食文化

かつお節と昆布の合わせだし。これはそもそも関西の食文化でした。海上交通が盛んになった江戸時代、昆布は北海道の松前から日本海、そして瀬戸内海を通る「昆布ロード」を通って大坂まで流通。そこから関西では昆布の食文化が根づき、かつお節との合わせだしが誕生したのです。一方関東は昆布の流通が遅かったため、昆布の代わりにかつおだしに合わせたのがしょうゆでした。かつお節のイノシン酸にしょうゆのグルタミン酸を合わせて、うまみの相乗効果を完成させたのです。関東のそばつゆが濃いのには、そんな背景があったのです。

10

## 世界で人気の「和食」を支えるかつお節だし

ユネスコ無形文化遺産に登録された「和食」は、今や世界中で大人気です。そしてかつお節は、その和食を支えている大きな要素といっても過言ではないでしょう。日本と海外とでは、うまみの引き出し方に大きな違いがあります。世界のほとんどの国が、肉や魚などの動物性たんぱく質を長時間煮込んでだしをひくのに対して、かつお節からだしをひくのは１～２分。また海外のだしには油脂分が多く含まれていますが、うまみ成分であるかつおだしはローカロリー。油脂分がほとんど含まれず、しかもおいしい！　こうしたことも世界中で和食が人気な理由なのかもしれません。

創業元禄十二年

# かつお節ひとすじ

## 老舗物語

**「にんべん」は江戸時代から続く鰹節専門店。**
**初代・髙津伊兵衛によって日本橋で創業されました。**
**日本の伝統食を守り続ける老舗の歴史を紐解きます。**

### 商才に秀でた初代・伊兵衛が20歳で創業

「にんべん」を創業した髙津伊兵衛は、現在の三重県四日市に生まれました。12歳で江戸に上って年季奉公をはじめ、18歳で早くも商才を認められ、上方へ出張するまでに出世をしたといわれています。20歳で独立を果たし、日本橋四日市の土手蔵に戸板を並べて、かつお節と干魚類の商いを始めました。時は元禄12年（1699）、これが「にんべん」の創業となりました。

　その後、伊兵衛は店の屋号を「伊勢屋伊兵衛」、商号を「イ」と定めました。しかし、江戸町民たちは「伊勢屋」の代わりに、誰ということなく「にんべん」と呼ぶようになり、これが現在の社名へとつながっていきます。

　やがて伊兵衛は故郷の伊勢を経て大坂へ上り、かつての上方出張で得た経験を生かして上等なかつお節の仕入れルートを確立。店は江戸町民から親しまれ、繁栄していきました。

商売が繁盛した理由は、当時江戸では珍しかった上方下りのかつお節を扱ったことに加え、「現金かけ値なし」という扱いを貫徹したことにもありました。金・銀・銭（銅）という3種の貨幣が流通し、その換算率も流動的であった時代に、正価で売る商いは画期的なものだったのです。初代伊兵衛は3人の息子を残し、50歳で他界しましたが、彼の商いに対する信条は、今日まで脈々と受け継がれています。

### 屋台骨を築き家業は順調に発展。江戸文化の擁護も

享保6年（1721）再三の火災に対し、公儀のおふれにより土蔵造りにした江戸時代の店舗。（明治時代に撮影）

戦災により焼失した店舗は昭和23年（1948）に新築された。写真は昭和30年頃の様子。

その後、上方から徳用節も仕入れて大衆向けの販路開拓に努め、かつお節は徐々に庶民の食卓へと浸透していきました。また、六代目伊兵衛は、日本でも初めてと思われる銀製の商品券を創案して流通させるなど、独創的なアイデアと優れた経営手腕を発揮して、「にんべん」の屋台骨をゆるぎないものにしていきました。右上は当時（江戸時代）の店舗の写真です。

六代目伊兵衛は絵画のコレクターとしても広く江戸に知られており、松尾芭蕉の墨絵のほか、酒井抱一や円山応挙の絵画などを数多く所有するほか、絵師の狩野栄川や国学者で歌人の村田春海ら多くの文化人が、店奥の住まいに足繁く出入りするなど、江戸時代を通じて文化人の育成に貢献しました。

大正7年（1918）に個人商店から株式会社になり、かつお節業界全体の拡大や近代化にも尽力。昭和初期には宮内庁大膳寮や三井本家、岩崎家、渋沢家などに足繁く出入りし、戦前にかけての絶頂期を迎えました。

しかし、のちに日本は太平洋戦争に突入し、東京空襲によって店舗や屋敷は焼失してしまいます。戦後から3年後の昭和23年。それまでの社名であった「髙津商店」から「株式会社 にんべん」と改め、新店舗を建設し、戦後いち早い営業の再開を果たしていきます。

## 高度経済成長期には「フレッシュパック」や「つゆの素」が誕生

それから時を経て、日本が迎えた高度経済成長期。株式会社となってからの四代社長・農夫也はそれまで頑なに守ってきた「本店一店主義」を改め、百貨店への出店を開始しま

平成22年（2010）、コレド室町内に本店を移転。削り場を設けて、削りたてを販売する他、「一汁一飯」がコンセプトの「日本橋だし場」を併設し、注目を集める。

した。

昭和38年（１９６３）には四代社長が会長となり、十一代目の妻・倫子の弟・照五郎が五代社長に就任します。そして翌39年、東京オリンピックの年に、当時としては画期的な新製品であり、ロングセラーとなる「つゆの素」が発売されました。

販売担当者に任命されたのは、当時まだ企画課長だった十二代目。当初は問屋まわりをしても注文は取れず、サンプルを持っていっても、その場でゴミ箱に捨てられるなど苦労の連続。しかし「つゆの素」は、料理を簡便化するうえ、植物性のしょうゆと昆布に、初めて動物性のかつお節だしを加えた画期的な製品だったこともあり、次第に家庭内に普及していきます。その後は類似品も数多く出まわるようになりましたが、出荷量・売上高とも業界トップを誇る商品に成長していきます。

昭和43年（１９６８）東京で8番目に古い老舗として都から表彰された翌年の昭和44年、「つゆの素」に続き、それまでの常識を打ち破る新製品「かつおぶし削りフレッシュパック」が発売しています。

昭和52年（１９７７）には十二代が社長に就任。久々の髙津家当主による社長就任を祝うかのように、初代生誕３００年にあたる昭和54年（１９７９）の秋、農林水産省から天皇杯が授与。そして平成6年には十二代が栄えある藍綬《らんじゅ》褒賞を受賞しました。現在の社長である十三代・髙津克幸は、創業３１０周年にあたる平成21年（２００９）に社長に就任。日本橋「コレド室町」に新店舗を開設し、「日本橋だし場」をヒットさせるなど、伝統を守りながらも、日本の味を世界の味へと広めていくため、時代に合った新しい挑戦を続けているのです。

# 「にんべん」の味が楽しめるお店

東京都中央区日本橋室町2-2-1
コレド室町1・1F
TEL 03-3241-0968

■営業時間
10時〜19時
だし、ドリンクメニュー／10〜19時
ランチメニュー／11〜14時(持ち帰り可)

## 日本橋だし場本店

### かつお節だしを味わえる人気店

「にんべん」日本橋本店内に併設されている「日本橋だし場」は香り豊かなかつお節だしが味わえると人気のお店。かつお節だしの月替わりのだしスープはもちろん、かつぶしめしやお弁当、惣菜など、ホッとできるメニューを提供しています。

東京都中央区日本橋室町2-3-1
コレド室町2・1F
TEL 03-5205-8704

■営業時間
ランチタイム／11〜14時(予約不可)
ティータイム／14〜17時(予約不可)
ディナータイム／17〜22時(L.O.21時)

## 日本橋だし場 はなれ

### 「だし」が主役の和食ダイニング

鰹節専門店ならではの「だしのうまみ」を活かした料理が堪能できる、カジュアルな和ダイニング。だし炊き込みご飯やだし椀、惣菜など一汁三菜のスタイルで提供し、かつお節だしをベースに和食やオリジナルのモダンなメニューも揃っています。

## にんべん

元禄12年（1699）創業の鰹節専門店。江戸時代後期に製造法を確立したとされる「本枯鰹節」にこだわる老舗。今ではおなじみとなった削り節の「フレッシュパック」を日本で最初に商品化したことでも知られている。現社長・髙津克幸氏で13代。

**にんべん 日本橋本店**

東京都中央区日本橋室町2-2-1
COREDO室町1・1F
電話：03-3241-0968
営業時間：10〜20時
（日本橋だし場は10〜19時）
定休日はCOREDO室町1に準ずる
www.ninben.co.jp/


装丁・デザイン　斉藤恵子
撮影　青砥茂樹（講談社写真部）
スタイリング　久保百合子
料理制作　結城寿美子
レシピ協力　宮前祥子
編集協力　内田いつ子

器協力　UTUWA　電話：03-6644-0070



かつお節《ぶし》さえあれば、かんたんに料《りょう》理《り》上《じょう》手《ず》
**うまい！「おかか」ごはん**

2019年3月13日　第1刷発行

著　者　にんべん
発行者　渡瀬昌彦
発行所　株式会社講談社
〒112-8001　東京都文京区音羽2-12-21
販売 TEL 03-5395-3606
業務 TEL 03-5395-3615
編集 株式会社講談社エディトリアル
代表　堺 公江
編集部　〒112-0013
東京都文京区音羽1-17-18　護国寺SIAビル6F
編集部　TEL 03-5319-2171
印刷所　大日本印刷株式会社
製本所　株式会社国宝社




ISBN 978-4-06-514654-5